Die Kirchen auf dem Darß

von Rudolf van Nahl

Meeresarm Prerowstrom
Seeoffene Binnengewässer

Zeichen am Himmel über weitem Land

Zwischen den Städten Rostock im Westen und Stralsund im Osten ragt eine Halbinselkette in die Ostsee, deren mittlerer Teil der Darß ist. Der südliche Teil ist das Fischland, während sich östlich der Zingst an den Darß anschließt. Von dieser Halbinselkette gehört das Fischland zu Mecklenburg, der Darß und der Zingst zählen zu Vorpommern.

Beide trennt der Prerowstrom, ein Meeresarm, der die landeinwärts liegenden Gewässer der Bodden mit der Ostsee verband und für die Schifffahrt genutzt wurde, um von den Häfen an der seeabgewandten Boddenseite in die offene Ostsee zu gelangen. Die Segelschiffe vom Fischland, vom Darß und vom Zingst fuhren als Handelsschiffe bis in die Weltmeere.

Die Bodden sind Reste aus der nordeuropäischen Eiszeit, wasserhaltige Mulden, die vom Schmelzwasser und den Zuflüssen gespeist wurden. Sie sind von nur geringer Wassertiefe.

links: Prerow, Votivschiffe in der Seemannskirche

Alter Kirchturm als Seefahrtzeichen

In diesen flachen Boddengewässern gibt es jedoch tiefere Fahrrinnen, die auch Schiffen mit größerem Tiefgang ein Durchfahren erlauben. Eine dieser tieferen Rinnen ist der Prerowstrom. Er wurde als Schifffahrtsstraße von heimischen und fremden Schiffern genutzt, um Waren zu holen oder zu bringen. Das Wort Strom lässt auf ein breites Gewässer schließen. In Wirklichkeit aber gleicht der Prerowstrom eher einem Fluss, dessen ehemalige Verbindung zur See heute nur noch in Teilstücken erkennbar ist. Im Mittelalter und zum Teil bis weit in die Neuzeit waren Darß und Zingst noch einzelne Inseln.

Kirchenort seit alters her

Pommernherzöge und Klöster

In einem Knie des Prerowstroms befindet sich seit alters her der „Kirchenort“. Der Kirchenort, eine Landschaftsbezeichnung und heute auch eine Straßenbenennung, gehört zur Gemeinde Prerow auf dem Darß, die als Ortschaft im ehemaligen Mündungsgebiet des Prerowstroms angelegt wurde und schon im Mittelalter als Ansiedlung von Seeleuten bekannt war.

Als im Jahr 1441 der Pommernherzog Barnim VIII. den Zingst erwarb, bekam er damit zugleich auch das Patronat über die Kirche auf dem Kirchenort. Laut Kirchenmatrikel von 1583 gehörten zur Kirchengemeinde die Orte Prerow, Wieck, Jagethausen, Born, Straminke, Hanshagen und Pahlen. In späteren Jahren wurden die kleineren Orte eingemeindet. Straminke, Hanshagen und Pahlen wurden zur Ortschaft Zingst vereint.

Ein kirchenähnliches Gebäude, vermutlich eine Kapelle, soll es auf dem Kirchenort schon im hohen Mittelalter gegeben haben. In Urkunden wird berichtet, dass im Jahre 1296 der Rügenfürst Wizlaw II. die Insel Zingst an das Kloster Neuenkamp verkaufte. Dieses Kloster war eine Filiation des 1123 gegründeten und heute noch baulich existierenden Zisterzienserklosters Kamp am Niederrhein, daher der Name Neuenkamp.

Die Zisterzienser, ein benediktinischer Reformorden aus dem Jahr 1098, hatten im Mittelalter die Aufgabe übernommen, im Osten des Reiches Missionsarbeit zu leisten. Einen Teil dieser Arbeit haben die Zisterziensermönche des Klosters Neuenkamp bei Franzburg in Nordvorpommern übernommen. Auf ihrem Besitz an der Ostseite des Prerowstroms errichteten die Mönche in diesem Zusammenhang eine Kirche und nannten den Ort, auf dem die Kirche stand, Kirchenort.

Der Kirchenort auf der Zingster Seite des Darß und des Ortes Prerow blieb nach wie vor, wie es die Benennung aus dem 13. Jahrhundert besagt, der Ort, auf dem die Kirche stand. Die war und blieb die Kirche von Prerow. Sie erhielt den Namen Seemannskirche, als die Seefahrt in dieser Region zur dominierenden Einnahmequelle geworden war.

Seemannskirche am Prerowstrom

Kirchengemeinde und Luthertum

Die Seemannskirche ist die Kirche der evangelischen Pfarrgemeinde. Die umfasst neben dem Hauptort Prerow am äußersten Nordostrand des Darß auch die übrigen Darßorte: Wieck an der südöstlichen Boddenküste und Born, weiter westlich ebenfalls an der Boddenküste im Süden des Darßwaldes. Am Vordarß, schon fast auf dem Fischland, ist das alte Fischer- und Seefahrerdorf Ahrenshoop der äußerste südliche Bereich der Pfarrgemeinde. Die heute vom Ostseebad Ahrenshoop eingemeindeten Ortsteile Althagen und Niehagen gehörten in früherer Zeit zum Großherzogtum Mecklenburg und lagen damit außerhalb des Zuständigkeitsbereiches der Pommerschen Kirche.

Die Kirchengemeinde Prerow umfasste im 16. Jahrhundert sowohl die Dörfer des Darß als auch die des Zingst, die beide zu Vorpommern gehörten. Die Kirchenbesucher des Zingst konnten auf dem Landweg ihr Gotteshaus erreichen, während die Bewohner des Darß sich

An der evangelischen Kirche in Prerow

Grabsteine säumen die Kirchenmauer.

mit einer Fähre über den Prerowstrom übersetzen lassen mussten.

Für die zum Kirchspiel gehörenden Dörfer Wieck, Born und Ahrenshoop war der Fußweg damals recht weit. Vom Prerow am nächsten gelegenen Dorf Wieck bis zur Kirche sind es etwa vier Kilometer, von Born neun und von Ahrenshoop zirka vierzehn, wobei berücksichtigt werden muss, dass die Wegführung damals zum Teil anders als heute verlief. Wahrscheinlich gab es Abkürzungen durch den Darßwald.

Für die Mitglieder der evangelischen Kirchengemeinde Prerow lag die Kirche an der Stelle, die die Mönche bei ihrer Ostmissionierung ausgewählt hatten, durchaus nicht im Mittelpunkt. Zur Zeit der ersten Kirche auf dem Kirchenort hatte das Gotteshaus allerdings eine zentrale Lage innerhalb der zerstreut liegenden Ortschaften der damaligen Inseln Darß und Zingst.

Durch die Reformation, die im norddeutschen Bereich hauptsächlich der Initiative und Lehre Martin Luthers entsprach, ergaben sich im Verband der Kirchengemeinde Prerow und im Bereich des Darß kaum Veränderungen. Während für die Christianisierung Pommerns einige Jahrhunderte erforderlich waren, verlief der Übertritt vom Katholizismus zum Luthertum innerhalb weniger Jahre. Bereits zu Lebzeiten des Reformators bekannten sich die meisten Gebiete an der Ostsee zur neuen Konfession. In der Nachfolge der Reformation trat ganz Schweden 1527 dem Luthertum bei, Pommern folgte 1534/35, während das Kurfürstentum Brandenburg 1539 und das Herzogtum Mecklenburg 1540 zur neuen Konfession übergingen.

Als Vorpommern 1648 in das schwedische Herrschaftsgebiet einbezogen wurde, blieb es wie im Kernland Schweden beim Bekenntnis zum Luthertum. Der Grundsatz „Cuius regio eius religio“ – Wer Herr über ein Land ist, bestimmt auch die Religion – war maßgebend für die Konfessionszugehörigkeit der Bevölkerung. Das sollte auch für Prerow auf dem Darß als vorpommersche Kirchengemeinde bis zum Jahre 1815 gelten.

Nach der Inbesitznahme Vorpommerns durch das Königreich Preußen entstand hier wie in Gesamtpreußen eine evangelische Kirchenunion, die Lutheraner und Reformierte als Evangelische Kirche vereinte und heute

Segelschiff auf einem Grabstein

die Bezeichnung „Pommersche Evangelische Kirche" führt. Ab 1856, als Zingst eine eigene Pfarrei erhielt und aus dem Kirchenverband Prerow herausgelöst wurde, umfasste die um diesen Ort verkleinerte Kirchengemeinde Prerow nur noch die auf dem Darß liegenden Orte Prerow, Wieck, Born und den Ortsteil Ahrenshoop der heutigen Gemeinde Ahrenshoop.

Kirchturm als Seefahrtzeichen

Peilungspunkt für Segelschiffe

Für die Seefahrt gab es zur sicheren Umschiffung von Klippen und Untiefen sowie zur peilgenauen Einfahrt in Häfen schon früh Leuchttürme und Baken. Der Leuchtturm auf

dem Darßer Ort hat seit der Mitte des 19. Jahrhunderts diese Aufgabe, die er bis heute als einer der ältesten Leuchttürme an der deutschen Ostseeküste wahrnimmt.

Die Funktion des Leuchtturms, der 1848 entstand, erfüllte vor ihm als Landmarkenzeichen der Turm der Prerower Kirche als Ansteuerungspunkt für Schiffe, die in den Prerowstrom einfahren wollten. Um Verwechslungen in der Orientierung zu vermeiden, durften die umliegenden Ortschaften der Küstenregion keine Kirche mit aus der Landschaft herausragendem Kirchturm haben.

Neben dem Backsteinbau des heutigen Kirchenschiffes, der in der Sonne eine leuchtend rote Farbe annehmen kann, erhebt sich separat an der Westseite ohne innere Verbindung mit dem Kirchengebäude ein hölzerner Kirchturm. Dieser wurde 1727 errichtet und stammt somit noch aus der Anfangszeit des Kirchenbaus. Eine Inschrift, eingekerbt in den Oberbalken des Turmtores, lautet: DIESEN TURM HAT GEBAUET MEISTER DAVIED MÜLLER DEN 14 MAI 1727.

Für das allen Stürmen ausgesetzte Kirchturmdach in Form einer Pyramide wurden bereits bei seiner Errichtung 1727 zur Dacheindeckung Schindeln aus Eichenholz verwendet. Sie mussten von Zeit zu Zeit erneuert werden. Die Spitze des Kirchturms krönen eine Kugel und darüber, hoch aufgereckt, ein Wetterhahn. Der alte Kirchturm, des-

Oberbalken des Turmtores

Grabstein mit Seemannssymbol

sen Holz im Laufe der Jahrhunderte eisenhart geworden ist, wie Pfarrer Pleß 1953 feststellte, hat während der Zeit seines Bestehens Sturm, Wind und Regen getrotzt.

Der Turm ist ein Vierkantständerbau mit fast quadratischem Grundriss, der am Fundament ungefähr sechs mal sechs Meter misst. Außen besteht er aus sichtbaren Kiefernholzbrettern unterschiedlicher Breite. Die Bretter haben sich im Laufe der Jahre fast schwarz gefärbt, was nur zum Teil vom schützenden Teeranstrich herrührt. Inzwischen sind Nord- und Westseite des Turms neu verschalt worden. Nur die Südseite hat, von innen saniert, ihr altes Aussehen mit den geschwärzten Brettern behalten. In diesem hölzernen Kirchturm hängen drei Glocken, die wie üblich auch heute noch zum sonntäglichen Gottesdienst läuten. Die kleinere Glocke soll aus der alten Kirche entnommen worden sein, die bis zum Neubau der jetzigen Kirche bestand. Die dritte Glocke ist neu hinzugekommen und ergänzt das Geläut.

Segelschiff auf Seemannsgrab

Der Kirchturm der Seemannskirche steht zwar noch an seiner ursprünglichen Stelle, an der er 1727 gebaut worden war, ist jedoch als Landmarkenzeichen für die Schifffahrt nicht mehr zu gebrauchen. Das liegt nicht nur daran, dass die Verbindung von der Ostsee zum Prerower Hafen für Schiffe nicht mehr befahrbar ist, sondern auch daran, dass der Turm von der Ostsee und von der ehemaligen Mündung des Prerowstroms her des hohen Baumwuchses wegen nicht mehr zu sehen ist. Was bleibt, ist der Kirchturm als Zeuge einer seemännischen Vergangenheit des Dorfes Prerow.

Kirchenbau zur Schwedenzeit

Schwedenkönig und Fachwerkbau

Ein Prerower Kirchenführer gibt an, dass die Kirche in der Zeit von 1726 bis 1728 erbaut wurde. Pastor der evangelisch-lutherischen Gemeinde Prerow war zu jener Zeit Martin Henrici, der aus Stralsund stammte und von 1714 bis 1768 hier das Amt des Seelsorgers innehatte. Sein

Bildnis ist an der rechten Seitenwand des Chorraums zu sehen.

Das fast dreihundert Jahre alte Gotteshaus zu Prerow war ursprünglich in Fachwerkbauweise errichtet worden. Aus Holz gefertigte Ständer mit Verstrebungen bildeten sein Skelett, das in den Zwischenräumen jeweils eine Wand erhielt. Wand bedeutet im Gegensatz zu Mauer, dass die Zwischenräume nicht Steine enthielten, sondern gewundene Holzteile, vielfach Weidenzweige, die dann mit Lehmgemisch ausgefüllt und verputzt wurden. Solche Fachwerkbauten können Jahrhunderte überdauern, wie viele noch erhaltene aus dem 17. Jahrhundert beweisen.

Im Kircheninneren ist die Ständerbauweise aus Holz noch zu erkennen. Das Material für das Fachwerk und für den Kirchturm wurde aus dem nahen Darßwald, der königlich-schwedischer Besitz war, geholt und von der Regierung, das heißt vom Schwedenkönig Fredrik I., der Kirchengemeinde gestiftet.

Im Friedensvertrag von Stockholm vom Januar 1720, nach dem für Schweden erfolglos verlaufenen Nordischen Krieg, erhielt Preußen den schwedischen Teil Vorpommerns südlich der Peene, während der nördliche Teil weiterhin schwedisch blieb. Das galt also auch für die Halbinsel Darß im nördlichen Küstengebiet der Ostsee. Während der Zeit nach 1720, als auf schwedischer wie auf preußischer Seite Friede herrschte, konnte in Prerow daran gedacht werden, die bei Sturmfluten gefährdete und baufällig gewordene alte Kirche durch eine neue an höherer Stelle zu ersetzen. Der Entschluss wurde 1726 in die Tat umgesetzt.

Im Zuge der folgenden Jahre und Jahrzehnte, es wird eine Zeitspanne von 1740 bis 1830 angegeben, hat man sich in Prerow entschlossen, die Fachwerkkirche in einen Backsteinbau umzuwandeln. Norddeutschland, und damit auch der Ostseeraum, ist das Gebiet der sogenannten Backstein-Gotik, hergeleitet vom fast ausschließlich verwendeten Backstein, auch Ziegelstein genannt, dem aus Lehm geformten und gebrannten Mau-

Seemannskirche Prerow

Im Innern der Seemannskirche von Prerow hängt im Chorraum an der Südwand ein Gemälde, das auf den Erbauer der Kirche hinweist: Pfarrer Martin Henrici aus Stralsund. Unter dem Bildnis, das einen Herrn in würdevoller geistlicher Amtstracht zeigt, ist ein Spruch zu lesen, der von Henrici selbst verfasst sein soll:

„Ich baute Kirch' und Haus,
ich baute mir ein Grab.

In erster lehr' ich noch,
im andern ich noch wohne,

Im letzten hoff' ich Ruh',
wenn ich geleget ab,

So Leben wie den Leib und
warte auf die Krone."

Der Satzteil „ich baute mir ein Grab" ist vielfach so gedeutet worden, dass Pfarrer Henrici mit dem Bau der Kirche auch sein Grab in ihr vorbereitet hätte. Es soll sich im Kircheninnern der Tür gegenüber unter dem Kirchenstuhl der Predigerfamilie befinden. Diese Angaben sind heute nur vage Hinweise, da es in alter Zeit neben den jetzt vorhandenen Türen auch eine Kirchentür vom Turm an der Westseite aus ins Innere der Kirche gegeben hat. Ein Nachweis für das Grab des Kirchenerbauers fehlt bis heute.

erstein, der in Norddeutschland den fehlenden behauenen Felsstein ersetzte, aus dem in südlichen Gebieten zahlreiche Kirchenbauten errichtet wurden. Für das Fundament wurde allerdings auch bei der Seemannskirche in Prerow Felsgestein verwendet, und zwar sind es Granitfelsbrocken, wie sie in abgeschliffener Form als sogenannte Findlinge auf der Halbinselkette Fischland-Darß-Zingst in den Schichten des eiszeitlichen Geschiebemergels noch heute an vielen Stellen zu Tage treten. An einigen Teilen des Fundaments sind diese Granitsteine noch deutlich zu erkennen.

Alte Grabsteine

Im Zuge der Umwandlung des Kirchengebäudes vom Fachwerk zum Mauerstein wurden äußere Mauerstützen erforderlich, das sogenannte Strebewerk, das aus nach außen verlegten Strebebögen und -pfeilern besteht, die jetzt im Gegensatz zum Fachwerkbau an den Seitenwänden der Kirchenaußenmauer sichtbar hervortreten. Dieses Strebewerk wird allerdings, wie sonst im Kirchenbau der Gotik und somit auch in der Backstein-Gotik üblich, nicht im Inneren der Kirche als deckentragendes Element fortgeführt. Der Ständerbau der ursprünglichen Fachwerkkonstruktion blieb im Innenraum der Kirche erhalten. Hier schließt ein Tonnengewölbe im Mittelschiff den Kirchenraum nach oben hin ab, während die Seitenschiffe mit hinter den Eingangsbereich zurückgesetzten Emporen flache Decken haben.

Schiffsmodell im Kirchenraum

Das Dach der Seemannskirche in Prerow ist als einseitiges Walmdach ausgebildet: Ein schräg vom Dachfirst abfallendes Satteldach erhält am Giebel der Ostseite ein zusätzliches schräges Dachteil, das nicht bis zur Traufe des Hauptdachs reicht, sondern etwa auf halber Höhe als sogenanntes Krüppelwalmdach endet. Eine von außen angebaute Apsis, die im Kirchenbau in der Regel den Chorraum aufnimmt, reicht nicht in den Kircheninnenraum hinein, sondern hat die Funktion einer Sakristei.

Als Anhaltspunkte für die Größe der Seemannskirche in Prerow sollen folgende Zirkamaße dienen: Der gemauerte Teil des Kirchenschiffes weist eine Länge von etwa dreißig Metern auf, die Breite beträgt rund fünfzehn Meter. Die Außenmauer bis zur Traufkante hat eine Höhe von etwa acht Metern. Zur Breite hinzu kommt am nördlichen und südlichen Seitenschiff je ein Vorbau von vier Metern. Der südliche Vorbau, auf den auch der geradlinige Weg von der Kirchhofspforte hinführt, ist der heutige Haupteingang, durch den in neuerer Zeit neben Gottesdienstbesuchern auch zahlreiche Touristen den Kirchenraum betreten.

Grabstein eines Seefahrers

Barockaltar und Segelschiffe

Inneres der Seemannskirche

Im Inneren der Kirche fällt der erste Blick auf den Barockaltar. Er bildet den dominierenden optischen Mittelpunkt dieser alten Kirche, geschaffen zu einer Zeit, als Pommern sich schon lange der Reformation zugewandt hatte. Der Altar wurde deshalb in einer Kombination von Altar und der in evangelischen Kirchen wichtigen Kanzel angefertigt.

Die farbige Ausgestaltung des Barockaltars kann man allerdings nicht mit süddeutschen Barockkirchen vergleichen, die etwa um die gleiche Zeit im 18. Jahrhundert entstanden. Die norddeutschen Kirchen der Nachreformationszeit hatten alles vom Gottesdienst ablenkende Beiwerk abgelegt, wie das schon der Reformorden der

Vaters Geist

Zisterzienser gehandhabt hatte. Die lutherischen Kirchen beließen es zum Teil noch bei bunten Glasfenstern und Figuren von Heiligen und behielten auch die gemalten Altartafeln weitgehend bei.

So ein barocker Altarhintergrund ist auch in der Prerower Kirche zu finden. Ihr Altar, als Kanzelaltar bezeichnet, entstand bereits kurz nach Fertigstellung der Kirche 1728. Der Verfasser einer Broschüre über sie, Pfarrer Gerhard Schneidereit, bemerkt dazu: „Am Kanzelaltar ist Jesus mit dem Kreuz (Kanzel), als Wanderprediger (Bild auf der Kanzeltür) und als Herrscher über die Welt (ganz oben Mitte) dargestellt. Links und rechts der Kanzel sehen wir Mose und Aaron aus alttestamentlicher Zeit, links und rechts oben Petrus und Paulus aus neutestamentlicher Zeit.“

Mose und Aaron aus alttestamentlicher Zeit am Kanzelaltar

An den beiden Seitenwänden der Kanzel sind weitere Bildwerke angebracht: rechts Petrus in Ketten, von einem Engel befreit, und links Paulus beim Abfassen seiner Sendschreiben, vom Geist Gottes inspiriert. Diese doppelte Betonung der beiden Apostelfürsten Petrus und Paulus gibt zu der Vermutung Anlass, dass es sich bei der Kirche ursprünglich um eine Peter- und Pauls-Kirche gehandelt hat, die erst später den Namen Seemannskirche erhielt.

Erwähnt wird, dass der Kanzelaltar in der Werkstatt des Bildschnitzers Elias Keßler in Stralsund entstanden und 1733 durch den ebenfalls aus Stralsund stammenden Maler Johann Ößler ausgestaltet worden ist. Bemerkenswert ist, dass alle Teile des Kanzelaltars aus Holz gefertigt sind, einschließlich der runden Säulen auf Vierkantsockeln in Marmorimitation.

Etwas später als der Kanzelaltar entstand zu dessen rechter Seite die spätbarocke Taufkapelle, ein durch Balustrade, Säulen und Decke abgesonderter liturgischer Bereich. Sie liegt wie der Kanzelaltar innerhalb des Chorraums und soll 1740 von einem wandernden Künstler aus der Werkstatt des Stralsunder Bildhauers Michael Müller angefertigt worden sein. Auch die in barocker Manier aus

Holz gefertigten Schnitzwerke der Taufkapelle sind bemalt. Über die einzelnen Darstellungen schreibt Pfarrer Dr. Wilhelm Pleß: „Vier Engel tragen den Baldachin, auf dem Christus steht als der gute Hirte, ein Lamm zu seinen Füßen. Am Rande sitzen vier Engel und tragen Wappen, auf denen der Spruch steht: 'Wie viele euer auf Christus getauft sind, die haben Christus angezogen.' Die Unterseite des Baldachins ist als blauer Himmel mit weißen Wolken gemalt. Über dem Taufbecken hängt von oben eine Figur herab, Gottvater darstellend, der von Engeln umgeben ist, darunter die Taube als Sinnbild des heiligen Geistes."

Reliefbild an der Kanzel

Der Kanzelaltar

Christus als guter Hirte

Cherubinengel an der spätbarocken Taufkapelle

Seite 19: Spätbarocke Taufkapelle

Taufbecken

Seit der Erbauung der Kirche wurden im Innenraum einige Veränderungen vorgenommen. In den Jahren 1933/34 ließ der damalige Pfarrer Dr. Wilhelm Pleß einen Teil der hundert Jahre alten, den Altarraum einengenden Empore entfernen, um damit dem Gotteshaus seine ursprüngliche Weite zurückzugeben. Ein ebenso nachträglich eingefügter, klobig wirkender Altarumbau wurde verkleinert. Außerdem erhielt der Innenraum der Kirche einen neuen Anstrich.

Wie aus einer Texttafel an der nördlichen inneren Eingangstür hervorgeht, wurde die Kirche 1985 erneut saniert und „der Innenraum [...] farblich neu gestaltet. Er erhielt in seinen Holzteilen das Grüngrau der barocken Entste-

Kristallleuchter im Chorvorraum

hungszeit. Das barocke Blau an den Gestühls- und Emporenfeldern erinnert an die große Zeit der Segelschiffahrt."

Zur Innenausstattung der Seemannskirche gehören zwei Kronleuchter, der eine aus Kristallglas, der andere in Messing, in den die Namen der Stifter eingraviert sind. Erwähnenswert ist noch eine Orgel auf der dem Altar gegenüberliegenden Empore. Sie soll von einem Stralsunder Orgelbauer gefertigt worden sein und aus dem 19. Jahrhundert stammen.

Auffallend und wichtig für eine Seemannskirche sind Schiffsmodelle als Votivgabe. Das älteste stammt von 1780 und ist die in der Kirche aufgehängte Nachbildung einer Dreimastfregatte. Zwei weitere Segelschiffe, auch

sie verkleinerte Nachbildungen von Segelschiffen aus früheren Zeiten, hängen ebenfalls frei in den Kirchenraum, während sich elf kleinere Schiffsmodelle unterschiedlicher Größe hinter Glas an den Seitenwänden des Kircheninnenraums befinden. Sie wurden von Seeleuten gestiftet, die selbst auf solchen Segelschiffen über die Meere gefahren sind.

Schiffsmodell und Cherubinengel

Innenraum nach Westen

Orgel auf der Empore (Detail)

Sturmfluten und Schiffbruch

Mordsee Ostsee

Für Segelschiffe war in früheren Zeiten die Ostsee nicht ungefährlich. Zahlreiche Schiffskatastrophen, auch aus jüngster Vergangenheit, beweisen das. Ein in dramatischer Weise dargestellter Seemannstod ist auf einem Tafelbild zu sehen, das über der Eingangstür zum Vorraum hängt, ein Gemälde, das noch aus der Vorgängerkirche stammt und einen Schiffbrüchigen darstellt, der nach einem Anker in Kreuzesform greift. Als Bildüberschrift ist zu lesen: „Muß gleich mein junger Leib in tiefer See ertrinken, läßt dieser Anker doch die Seele nimmer sinken."

Ein weiterer Text besagt: „Dē 13. December 1690 ist beÿ dem Zingst mit einer kleinē Schute gestrandet Schiffer Johan Heinrich Bechel von Copenhagen von Gottlandt mit kalck beladen wovon nichts geborgen [...]." Das Gemälde weist auf einen Seemann hin, der mit seinem Schiff vor der Darßer Nordküste gestrandet ist und den Seemannstod starb. Er wurde auf dem Prerower Kirchhof beigesetzt. Der Vater des Ertrunkenen ließ als Gedenktafel, die in der Kirche aufgehängt werden sollte, das

Schiffsmodelle im Kirchenraum hinter Glas

Gemälde anfertigen und stiftete es der Seemannskirche, wo es heute noch über der Tür zum Vorraum hängt.

Nicht nur Schiffe litten unter der ungestümen Ostsee. Ganze Landstriche setzte sie unter Wasser, Dörfer bedrohte sie mit dem Untergang. Auf dem Kirchenort in Prerow soll die alte Kirche, Vorgängerin der Seemannskirche, bei einer Sturmflut im Jahre 1694 eine halbe Elle unter Wasser gestanden haben. Der Kirchenort war damals die höchste Stelle im umliegenden Landgebiet, was bedeutet, dass die Häuser in Prerow ebenso oder

Kanonenbreitseite der Fregatte

noch stärker durch die Wassermassen in Mitleidenschaft gezogen worden waren.

Schon Ende des 17. Jahrhunderts überlegte man, die Kirche sturmflutsicherer an einer anderen Stelle neu zu bauen, jedoch blieb sie mit dem Pfarrhaus weiterhin im Kirchenort. Allerdings wählte man für den Neubau, der 1726 begonnen wurde, dessen höchste Stelle, wobei der Begriff hoch in dieser Küstenregion oft nicht mehr als

Dreimastfregatte

einen Meter Höhenunterschied bezeichnet. Die neugebaute Kirche lag immerhin höher als die alte und so konnten die Wasser der Sturmflut von 1872 nicht in sie eindringen. Nach dieser verheerenden Sturmflut, die wiederum große Teile des Dorfes Prerow überschwemmte, wurde 1874 die Mündung des Prerowstroms in die Ostsee zugeschüttet und damit eine Landverbindung von der Halbinsel Darß zur Insel Zingst geschaffen, die damit ebenfalls zu einer Halbinsel wurde.

In der Seemannskirche von Prerow hängt im südlichen Vorraum ein weiteres Gemälde. Es zeigt eine auf Holz gemalte Darstellung des Gleichnisses vom reichen Mann und dem armen Lazarus. In Verbindung mit diesem Bild befand sich früher der sogenannte Armenkasten, eine in der evangelischen Kirche verankerte soziale Einrichtung, die in einem Seemannsdorf auch der Unterstützung der Witwen und Waisen auf See gebliebener Seeleute diente.

Grabstein von 1730

Rings um die Kirche liegt der Kirchhof, die Begräbnisstätte der Gemeindemitglieder. Der älteste hier erhaltene Grabstein soll aus dem Jahr 1690 stammen. Seine Inschrift ist allerdings kaum noch entzifferbar. Zu jener Zeit stand noch die Vorgängerkirche. Weitere Grabsteine aus alter Zeit sind rund um die Seemannskirche aufgestellt. Einer trägt die Jahreszahl 1730, was darauf hinweist, dass der Verstorbene damals kurz nach Fertigstellung der neuen Kirche beigesetzt wurde. Der Stein hat die Form einer Stele mit halbrundem oberen Abschluss. Auf ihm ist folgender Text zu lesen: „ALHIER RV-HET SCHIFFER ASMVS BVSCHER HAT GELEBET 70 IAHR IST GESTORBEN ANNO 1730“. Vielfach sind es Grabsteine, in die Schiffsmotive eingemeißelt sind und in denen lange Inschriften das Leben und den Tod der Verstorbenen schildern, wobei es nicht an christlichen Trost- und Erbauungssätzen fehlt. Immerhin gehörten die meisten der auf dem Kirchhof Begrabenen der christlichen Seefahrt an, und der Name Seemannskirche besteht für diese Kirche in Prerow auf dem Darß zu Recht.

Trauernder Engel auf dem Friedhof von Born

Fischerkirche am Koppelstrom

Holzbauweise und Rohrdach

Während die Seemannskirche in Prerow über 200 Jahre lang die einzige Kirche auf dem Darß war, sind im 20. Jahrhundert in den zur Pfarrgemeinde gehörenden Dörfern Born und Ahrenshoop während der Amtszeit von Pastor Dr. Wilhelm Pleß, der von 1931 bis 1961 Pfarrer der Kirchengemeinde Prerow war, Filialkirchen entstanden. Die Kirche in Born wurde in den Jahren 1934/35 erbaut, die in Ahrenshoop 1950/51.

Das Dorf Born liegt an der Südseite des Darß, dicht am Saaler Bodden und am Koppelstrom. Born ist als Erholungsort bekannt: mit Schilfrohr gedeckte niedrige Häuser, deren Haustüren, wie auf dem Darß üblich, bunt bemalt sind und eine strahlend gelbe Sonnenscheibe zeigen.

Wenn in Born auch von alters her kein Kirchenort existiert hat wie in Prerow, so gibt es doch einen Kirch-

Südseite der Fischerkirche in Born

Westseite der Fischerkirche

weg. Der führt von der Hauptstraße an einer Gruppe alter Eichen vorbei zur etwas abseits des Dorfzentrums in freier Landschaft gelegenen Kirche. Sie liegt dicht neben dem Friedhof, auf dem auch der zur Kirche gehörende Glockenturm steht. Analog zur Seemannskirche in Prerow erhielt die Kirche in Born den Namen Fischerkirche.

Kirchenbau und Architekt

Mit der Fischerkirche in Born verwirklichten Handwerker vom Darß Pläne des Architekten Bernhard Hopp für einen ganz aus Holz gestalteten Kirchenbau. Die Dacheindeckung ist als Rohrdach angelegt, in norddeutschen Gegenden auch Reetdach genannt und auf dem Darß aus dem in den Uferzonen der Bodden wachsenden Schilf hergestellt. Auf dem Dach der Fischerkirche in Born befindet sich über der Chorseite ein auch mit Schilfrohr gedeckter kleiner turmähnlicher Aufsatz. Auf dessen Spitze thront ein Kirchturmhahn und macht dieses von außen schlichte Gebäude als Gotteshaus kenntlich.

Segelschiff als Votivgabe

Die Kirche in Born ist 15 Meter lang, zehn Meter breit und bis zum Dachfirst geschätzte zehn Meter hoch – eine kleine Kirche also, über deren Ziegelsteinsockel die äußere Bretterwand in Stülpschalung beginnt. Der leicht vorgebaute Windfang des Südeingangs wurde zu einem kleinen Sakristeiraum umfunktioniert. Über dem Eingangsportal an der Westseite der Kirche steht der Schriftzug: „WAS DER MENSCH SÄT / DAS WIRD ER ERNTEN!"

Die Fischerkirche im Dorf Born wurde im Winter 1934/1935 gebaut. Für die Architekten Bernhard Hopp und Rudolf Jäger war eine naturverbundene Bauweise, die sich organisch in die Landschaft des Darßes einfügt, maßgebend.

Die von Bernhard Hopp geschnitzten Ständerfiguren wurden von ihm selbst aus der Kirche herausgenommen, nachdem eine großzügige finanzielle Zuwendung durch das Kultusministerium die Beauftragung des Bildhauers Hans Mettel aus Berlin ermöglichte. Ihm wurde die weitere Innenausstattung übertragen und er hat die acht Ständerfiguren gefertigt.

In dieser kleinen Kirche ist Holz aus dem Darßwald der dominierende Baustoff. Handwerker aus Born und dem benachbarten Wieck haben die gesamten Holzarbeiten in dieser Kirche ausgeführt. Vom Dorfschmied stammen zwei siebenarmige eiserne Leuchter für Kerzen im Innenraum.

Born

Unter den vielen Seefahrern der Borner und Wiecker Schifferzunft war der bekannteste der Kapitän Johann Segebarth (geb. 1833 in Wieck/Darß – gest. 1919 in Prerow/Darß). Er befuhr mit seinem Segelschiff, der Bark „Apotheker Diesing" (als Schiffsmodell in der Seemannskirche und als Gemälde im Darß-Museum in Prerow zu sehen) fünfundzwanzig Jahre die Weltmeere. Seine Bücher, die er in plattdeutscher Mundart verfasste, wie etwa „De Darßer Smuggler", gehörten zur gern gelesenen Literatur auf dem Darß. Wie er zum Schreiben kam, schildert Kapitän Segebarth unter dem Hinweis, dass Segelschifffahrten bei Windflauten auch Nichtstun bedeuten können, folgendermaßen:

„[...] dor ick sone gottbegnadete lächerliche Natur hew, lacht ick mi düchtig wat und fung ut pure Langewiel an, plattdütsch Dummtüg tau schriwen [...]".

Wie viele Seefahrer aus der Region, wurde er auf dem Friedhof der Seemannskirche in Prerow beerdigt.

Der Innenraum

Das äußerlich kleine Gebäude überrascht durch sein weiträumig wirkendes Inneres. Das liegt weitgehend an der Gestaltung des einschiffigen Kirchenraums mit einem Tonnengewölbe aus Holz. Stützbögen, auch aus Holz, sind auf vorkragende Stützpfeiler aufgesetzt und tragen das Gewölbe. Die hölzernen Pfeiler sind als geschnitzte menschliche Figuren ausgebildet. Die vom Architekten der Kirche Bernhard Hopp geschnitzten Holzfiguren befin-

den sich jetzt im Kircheninnern an der Empore. Sie stellen symbolisch die Dorfbewohner dar, die fern von ihrer Heimat ihr Leben lassen mussten: den Seemann, den Krieger, die Frau auf der Flucht, den im fremden Land Verschollenen. Sie stehen als Figuren an der Empore über der Ausgangstür, durch die sie in die Fremde gezogen sind.

Auf der Ostseite des Kirchenraums hängt über dem Altar in Blockform ein schmales Eisenkreuz mit einem Ring als Symbol der Weltkugel. Neben dem Altar steht eine einfache Kanzel, die ebenfalls aus Holz gefertigt wurde. Als Taufbecken dient eine Kupferschale auf einem Holzsockel. Weil eine Orgelempore fehlt, steht die kleine Orgel mit Holzpfeifen im Chorraum, von wo aus ihr Spieler das liturgische Geschehen begleiten kann.

Auch in der Fischerkirche dürfen wie in der Seemannskirche Schiffsmodelle nicht fehlen. Eins hängt frei von der Decke in den Kirchenraum, eins steht auf einer Konsole an der linken Seitenwand. Beide sind Dankesgaben von Seeleuten aus dem Dorf Born.

Menschliche Figur als Pfeilerstütze

LICHT
DASS EUCH DIE

DASS IHR IN
EN HABT/IN
302 1-3 6
243 1-3
243 6
306
319

Votivschiff auf Konsole in Born

Schifferkirche am Schifferberg

Das Dorf Ahrenshoop liegt wie die Kirchenorte Prerow und Born auf der Halbinselkette Fischland-Darß-Zingst an der deutschen Ostseeküste. Es liegt ganz im Süden des Darß, an der Grenze zum Fischland. Im Westen, wenige Schritte von der Dorfstraße entfernt, rauschen die Wellen der Ost-

see. Nach Osten zu erstrecken sich weite Weideflächen bis zu den Ufern der Bodden.

Aus einem kleinen Schifferdorf hat sich Ahrenshoop seit etwa hundert Jahren zu einem Seebad entwickelt, zu einem bevorzugten Badeort an der deutschen Ostseeküste. Mit zu dieser Entwicklung beigetragen haben Künstler aus ganz Deutschland, Landschaftsmaler, die sich in der Zeit um 1900 hier in Ahrenshoop niederließen und eine der bekanntesten Künstlerkolonien gründeten. Etliche Häuser der damaligen Maler sind heute noch in Ahrenshoop zu sehen. Ansehenswert sind auch die alten, mit Schilfrohr gedeckten Häuser an der Dorfstraße, Schifferreihe genannt, da sich hier vor über 200 Jahren Schiffer aus dem mecklenburgischen Fischland im benachbarten ehemaligen Teil des Königreichs Schweden ansiedelten.

Neue Kirche und Architekt

Ahrenshoop, das zur Pommerschen Evangelischen Kirche gehört, liegt sehr weit vom Pfarrort Prerow entfernt, sodass einige Gläubige dazu neigten, das benachbarte Gotteshaus auf dem Fischland aufzusuchen, das im Bereich der Mecklenburgischen Kirche liegt. Es wurde deshalb von zuständiger Seite überlegt, für die Kirchenbesucher in Ahrenshoop im Dorf eine eigene kleine Kirche zu bauen. Ein Bauplatz war nach einigen Umplanungen gefunden. Unterhalb des bereits im 19. Jahrhundert angelegten Friedhofs war ein Platz vorhanden. Er liegt allerdings außerhalb der Dorfmitte am Rande des Schifferbergs, mit etwa 15 Meter die höchste Erhebung auf dem Darß. Auf dem Platz standen alte, hohe Pappeln, die zum Teil vor Baubeginn gefällt werden mussten. Auch heute noch umrahmen Pappeln die kleine Kirche.

Nachdem die Suche nach einem Platz für die Kirche erfolgreich war, ging es darum, für den Kirchenneubau einen geeigneten Architekten zu finden. Der damalige Pfarrer der Kirchengemeinde Prerow, Wilhelm Pleß, der das Amt von 1931 bis 1961 innehatte, suchte im Jahr 1950

Schifferkirche Ahrenshoop

Die Innenausgestaltung der Schifferkirche in Ahrenshoop ist eng mit der Künstlerin Doris Oberländer-Seeberg (geb. 1903 in Dorpat – gest. 1989 in Ahrenshoop) verbunden. Ihre Bildwerke, wie Kanzel und Taufbecken, aus dem Stamm der Pappel geschnitzt, die dem Kirchenbau weichen musste, zeugen von ihren künstlerischen Fähigkeiten als Bildhauerin. Schon vor ihrer Ehe mit dem Maler Hans Emil Oberländer (1885–1944) widmete sie sich dem Fertigen von figürlichen Werken, während ihr Mann, der der zweiten Generation der Ahrenshooper Künstlerkolonie zugerechnet werden kann, sich ausschließlich mit Malerei befasste. Nach dem frühen Tod ihres Mannes blieb Doris Oberländer Ahrenshoop und dessen kulturellem Leben treu.

Evangelistenrelief im Kanzelholz

jemand, der willens und in der Lage war, für diesen besonderen Ort Ahrenshoop eine geeignete Kirche zu bauen. Diese Absicht erreichte einen jungen Architekten. Er bemühte sich um den Auftrag für den Kirchenbau und er bekam ihn. Mit Eifer machte sich der Architekt Hardt-Waltherr Hämer ans Werk, doch seine Pläne sollten 1950 in der damaligen DDR auf einige Schwierigkeiten stoßen.

Kirchenbau zur DDR-Zeit

Es galt zunächst, die behördliche Genehmigung für den Bau zu bekommen. Da waren für den Architekten die ersten Hürden zu überwinden, weil die DDR-Regierung nicht gerade kirchenfreundlich eingestellt war. Nachdem

Kanzel aus dem Pappelstamm

die ersten Probleme mit Hilfe einiger Fürsprecher gelöst werden konnten, kamen neue auf den jungen Architekten zu. Es fehlte an für den Kirchenbau geeignetem Material. Auch da gelang es, mit Hilfe von Holz aus Privatbesitz und Dachmaterial aus dem Schilfrohr der Boddenkante erste Ansätze für den Baubeginn zu finden. Benötigtes Eisen für die Balkenverbindungen musste auf Umwegen besorgt werden. Dann begann die eigentliche Arbeit, bei der viele Dorfbewohner mithalfen. Da kurz zuvor das Dorf Ahrenshoop aufgrund von Initiativen der DDR-Regierung unter Denkmalschutz gestellt worden war, musste die Kirche diesen Anforderungen genügen. Die Pläne lagen vor, und schon bald nahm die kleine Kirche Form an. Aus Holz und Schilfrohr entstand ein Gotteshaus, das sich dem ehemaligen Schifferdorf und der Lage auf dem Darß mit seinen Häusern, für deren Dacheindeckung ebenfalls Schilfrohr verwendet wurde, würdig anpasste.

Taufbecken

Die Ausmaße der kleinen Kirche sind überschaubar: acht Meter breit und einschließlich Anbau fünfzehn Meter lang bei einer Außenwandhöhe bis zur Traufenunterkante von knapp zwei Metern. Die Höhe bis zum Dachfirst beträgt ca. acht Meter. Ein Kreuz auf dem Dachfirst über dem Eingang steht als Zeichen für das Haus Gottes, auf das auch die Buchstaben Alpha und Omega über der Eingangstür hinweisen.

Glockenturm

Es lag zwar nicht in der Absicht des Architekten, doch sehen viele in der kleinen Kirche ein Boot, das kieloben daliegt und den Unbilden trotzt. Als Name für die neu entstandene Kirche wurde „Schifferkirche“ gewählt. Sie ist am Schifferberg gelegen und verweist auf die Schiffertradition des Dorfes Ahrenshoop.

Kirche und Glockenturm

Wer sich der Kirche nähert, sieht dieses große Kirchenboot, das vor den Unbilden der Welt Schutz bietet. Er sieht auch den Glockenturm, der seitlich der Kirche steht. In ihm befinden sich drei Glocken, die mit ihrem Klang die

Modell der Kirchenerweiterung mit separatem Glockenturm

Gläubigen zum Gebet einladen. Dieser Glockenturm, ein frei neben der Kirche fest gefügtes Stahlgebilde, löste ein Glöckchen ab, das an der Rückwand der Kirche außen angebracht war. Auch der neue Glockenturm entstand nach einem Entwurf des Architekten Hardt-Waltherr Hämer, der sich als Urheber dieser einmaligen Kirche nach über fünfzig Jahren immer noch für seine Kirche verantwortlich fühlt. Heute erschallt zum Gottesdienst ein festliches Läuten in klangvoller Harmonie, vernehmbar von außen wie von innen.

Eine Erweiterung der Kirche nach Osten, bei der ein Sakristeiraum entstand, wurde wiederum vom gleichen Architekten geleitet. Dieser Anbau wurde zusammen mit einer notwendigen Sanierung der denkmalgeschützten Kirche durch Spendengelder finanziert.

Das Kircheninnere

Wer den Innenraum dieser kleinen Kirche betritt, ist überrascht von der Helligkeit, die im Innern herrscht. Die Eingangswand ist ganz aus Glas und lässt Tageslicht in den Kirchenraum. Auffallend ist auch die Dachkonstruktion. Sechs Dreigelenkbinder tragen das leicht gewölbte Dach. Ein weiterer wurde für den Anbau hinzugefügt. Sie werden von Stahllaschen mit breitköpfigen Vierkantnägeln zusammengehalten. Die aus Brettern gefügte Stülpschalung reicht bis in den spitzbogigen First.

Votivsegelschiff im Kirchenraum

Im Gegensatz zu der alten Seemannskirche in Prerow hat die Schifferkirche in Ahrenshoop als eine Kirche aus der Neuzeit keine barocken Altarformen mehr. Dem Eingang gegenüber, im Osten der Kirche, steht ein schlichter Altar. Auf der ganz in Holz gestalteten Rückwand des Chorraums ragt ein schmales Kreuz hoch auf, umrahmt von den in das Holz eingekerbten Worten: ICH BIN DER WEG UND DIE WAHRHEIT UND DAS LEBEN NIEMAND KOMMT ZUM VATER DENN DURCH MICH.

Rechts neben dem Altar steht eine runde Kanzel. Die Ahrenshooper Künstlerin Doris Oberländer-Seeberg fer-

ICH BIN
DER
WEG- UND
DIE
WAHR HEIT
UND
DAS
LEBEN
NIE MAND
KOMT
ZUM
VATER
DENN
DURCH MICH

tigte sie aus dem Stamm einer Pappel, die dem Bau der Kirche weichen musste. Sie schnitzte in diesen Kanzelblock die Symbole der vier Evangelisten: Engel, Löwe, Stier und Adler und umrandete die Kanzel mit einem Schriftband: HEILIG / HEILIG / HEILIG IST GOTT DER ALLMÄCHTIGE / DER DA WAR / UND DER DA IST / UND DER DA KOMMT.

Auf der der Kanzel gegenüberliegenden Seite des Altars befindet sich das Taufbecken in Form einer Messingschale auf einem hölzernen Teller, der von drei aus Holz geschnitzten Kindern getragen wird. Die Namen der Täuflinge sind in die Taufschale eingraviert.

Auch in der Schifferkirche in Ahrenshoop hängen, wie in den Kirchen in Prerow und Born, Schiffsmodelle von der Decke, gefertigt als vier Votivschiffe vom Ahrenshooper Kapitän Heinrich Voss nach alten Vorbildern aus der Region. Mit Bezug auf christliche Tugenden tragen sie die Namen: Glaube, Hoffnung, Liebe, Frieden.

Auf einer kleinen Empore vor der Glaswand am Eingang steht eine Orgel, die nach neueren Plänen hinter der Wand des Chorraums ihren Platz finden soll. Dieser Raum, vom Architekten als Sakristeiraum dem Kirchenbau nachträglich harmonisch hinzugefügt, ist durch die beiden Glasbänder im Dach erkennbar. Von innen unsichtbar ist die Sakristei hinter dem Chor angebracht und beeinträchtigt nicht den Kirchenraum und die Einmaligkeit der kleinen Kirche in Ahrenshoop.

„Seemannskirche", „Fischerkirche", „Schifferkirche" heißen die Kirchen auf dem Darß. Sie betonen mit diesen Namen die Zugehörigkeit ihrer Region zu den Gewässern der Ostsee und der Bodden. Mittelpunkt der Halbinselkette Fischland-Darß-Zingst ist nach wie vor der Darß, bis auf die Dörfer in den Randgebieten ein einzigartiger großer Wald.

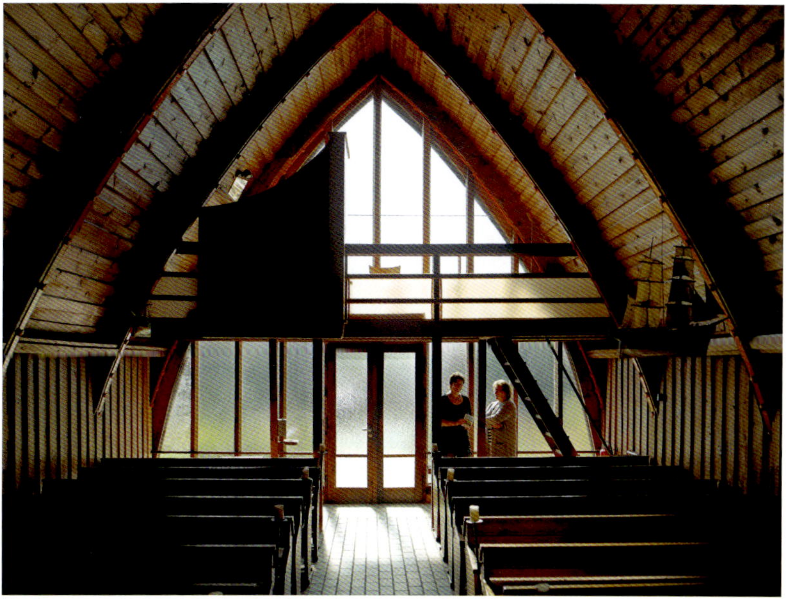

Wer mitten im **Darßwald** von der Kreuzung „Großer Stern“ nordwärts in Richtung Leuchtturm wandert, trifft wenige Schritte vom abzweigenden „Müllerweg“ entfernt auf ein Denkmal, das in einer kleinen Lichtung steht. Es ist ein Grabmal und die letzte Ruhestätte des langjährigen Darßer Forstmeisters Ferdinand von Raesfeld. Auf dem Grabstein ist neben dem Abbild des Toten folgende Inschrift zu lesen:
„Hier ruht der Altmeister des deutschen Weidwerks
Ferdinand Frh. v. Raesfeld
geb. 29.9.1855
gest. 5.10.1929
Und wenn es nicht ums Jagen wär
als früh im Wald zu streifen“.

Als Forstmeister im Dienste Preußens war es vor allem Ferdinand von Raesfeld, der für die Wiederaufforstung des vernachlässigten Darßwaldes sorgte.

Der Wald auf dem Darß

Kulturwald wird Urwald

Zwischen dem Prerowstrom und dem Weststrand, der Ostsee und den Boddengewässern liegt das große Waldgebiet des Darß. Der Darß ist ein Wald, der einen nordsüdlichen Durchmesser von etwa zwölf Kilometern hat. Das Fischland und der Zingst sind dagegen weitgehend waldlos, von baumbestandenen Flächen abgesehen. Die wenigen Dörfer auf dem Darß sind schnell aufgezählt. Ihre Namen decken sich mit denen der Kirchengemeinde: Prerow, Wieck, Born und Ahrenshoop, die alle am Rande des Waldgebietes liegen.

Im Zuge einer Rekultivierung Anfang des 19. Jahrhunderts wurde nach Übernahme von Vorpommern durch Preußen das Waldgebiet des Darß von Nord nach Süd und von Ost nach West mit sich kreuzenden Schneisen versehen, die auch Gestelle genannt werden. Da das ganze Gebiet nur wenig über den Meeresspiegel ragt, dienten die höher liegenden Schneisen dazu, das Stauwasser in die Gräben abzuleiten und so eine befahrbare und aufforstbare Waldfläche zu schaffen. Aus einem Urwald

wurde ein Nutzwald. Als man den Darß und mit ihm die vorpommersche Boddenlandschaft in der zweiten Hälfte des 20. Jahrhunderts in Teilbereichen zum Naturschutzgebiet erklärte und weitere Bereiche Landschaftsschutzgebiete und Schonforste wurden, ließ man den Waldbestand des Darßes absichtlich erneut verwildern, sodass er heute wieder den ursprünglichen Urwaldcharakter angenommen hat, das heißt, forstwirtschaftliche Interessen wurden zugunsten einer urwüchsigen Natur zurückgestellt. Es entstand wieder ein Wald in seiner Ursprungsform: Aus einem Kulturwald ist ein Naturwald geworden.

Flora und Fauna folgen in diesem Naturschutzgebiet wieder naturgegebenen Regeln, sodass sich hier nicht nur Rot- und Schwarzwild aufhalten und Nahrung finden, sondern auch seltene Pflanzen wieder neuen Lebensraum gewinnen. In den Erlenbrüchen wimmelt es von Kleinlebewesen und Reptilien.

Auch wenn man sich heute bemüht, aus diesem Forstwald wieder einen Wald zu machen, der einem „Urwald" nahe kommt, so erinnern die breiten, den Wald durchquerenden Schneisen immer noch daran, wie versucht worden ist, Ordnung in einen der Natur überlassenen Wald zu bringen. Erst seit Bestehen des „Nationalparks Vorpommersche Boddenlandschaft" mit dem Amtssitz in Born auf dem Darß zeigen die Bemühungen um einen neuen „Urwald" sichtbaren Erfolg.

Baumleichen am Weststrand
Windflüchter und Hühnergötter

Wenn man vom Prerowstrom im Osten den Darß durchquert, stößt man im äußersten Westen dieses dichten Waldgebietes auf ein Phänomen: Am Sandstrand liegende tote Bäume, hingefallen wie Wind und Wellen sie zum Absterben gezwungen haben. Der Weststrand gehört zum „Nationalpark Vorpommersche Boddenlandschaft" und unterliegt damit Vorschriften, was Veränderungen von Menschenhand betrifft. Eine besteht darin, Bäume, die durch den Wind und die stürmische See zu Fall gebracht wurden, an der Stelle liegenzulassen, an der sie umgefallen sind.

Zuerst macht sich die raue See bei den Kiefern bemerkbar. Obwohl sie mit ihren tiefreichenden Pfahlwurzeln dem Sturm trotzen, müssen sie sich ihm beugen. Ihre benadelten Äste werden täglich, fast stündlich in die dem Wind abgewandte Seite gedrückt. Sie werden zu „Windflüchtern".

Wildwachsender Darßwald

Wie aufgereiht stehen sie da, dem Wind trotzende Bäume. Doch die aufgewühlte See nagt am festen Boden, der aus Sand und Moor besteht und gar nicht so fest ist. Wenn im Herbst und Frühjahr die Stürme toben, reißen Wind und Wassermassen von diesem Boden große Stücke weg und mit ihnen die Grundlage der Bäume. Zuerst fallen meist die mächtigen Buchen, altertümliche Riesen, die im Inneren des Waldes aufgewachsen sind und sich jetzt an der Kante der See wiederfinden. Und die kennt keine Schonzeit. Sie verschont mit ihrer zerstörerischen Kraft weder Buchen noch Kiefern, weder Birken noch Erlen.

Wer den Weststrand zu kennen glaubt und ihn im Urlaub an einigen Tagen erwanderte, der muss im nächsten Jahr feststellen, dass nichts mehr ist, wie es war, nicht der Strand und nicht die Bäume. Ein Jahr Seegewalt hat alles verändert. Und doch ist der Weststrand der Weststrand geblieben, mit seinem von Felsbrocken überlagerten

Strand, mit seinem feinen weißlich gelben Sand, mit seinen umgestürzten Bäumen, verwittert die alten, mit grünen Blättern an den Ästen die neuen, vor kurzem erst auf den Strand gestürzt, mit den Kronen halb im Wasser liegend, fast noch lebend, aber doch schon tot. Ihre mächtigen knochenartigen Wurzeln ragen nackt in den Himmel.

Neben den Baumleichen gibt es am Weststrand des Darß ein weiteres Phänomen: die Hühnergötter, so der seltsame Name für eine geomorphologische Eigentümlichkeit. Wenn harter schwarzer Feuerstein durchsetzt ist von weicherem weißem Kalkstein, dann können Reibungen, wie sie an der Meeresküste zwischen Wasser, Wellen, Sand und Steinen entstehen, dazu führen, dass der Kalkstein aus dem Feuerstein gerieben wird. Die zunächst leichte Höhlung vertieft sich durch weitere Reibung, bis sie zu einem Loch durch den schwarzen Feuerstein wird.

Woher der eigenartige Name Hühnergott stammt, ist umstritten. Ältere Leute auf dem Darß erzählen, solche Lochsteine wären früher auf Schnüre gezogen worden und man hätte sie über dem Hühnerstall aufgehängt. Das sollte angeblich die Legebereitschaft der Hühner anregen. Andere wiederum sind der Meinung, die Betonung läge auf dem zweiten Teil des Wortes und es wäre mit den ehemals hier verehrten Göttern in Verbindung zu bringen.

Baumleichen an der Ostseekante

Von Sturm und See zernagte Küste

Hühnergötter gibt es am Weststrand in mancherlei Form. Häufig sieht man Wanderer mit gesenktem Kopf am Meeressaum entlanglaufen auf der Suche nach ihren „Hühnergöttern".

Wanderland Darßer Ort

Weiße Dünen und Bernstein

Die jährlich von Sturmfluten weggerissenen Land- und Sandmassen an der Westküste des Darß werden am „Darßer Ort" und teilweise weiter östlich wieder angeschwemmt, sodass sich die Landzunge dort Jahr für Jahr um einige Meter weiter nach Nordosten in die Ostsee hinausschiebt. Am Darßer Ort steht der Leuchtturm mit seinen Nebengebäuden, 1848 gebaut und als einer der ältesten an der deutschen Ostseeküste immer noch in Betrieb.

Der Leuchtturm Darßer Ort, so seine nautische Bezeichnung, stand früher an der Nordwestspitze des Darß. Diese hat sich jedoch im Laufe von hundertfünfzig Jahren immer weiter nach Nordosten verlagert. Sie ist gewandert. Heute steht der Leuchtturm zwar immer noch an seiner

alten Stelle, aber von der Spitze des Darß ist er etliche Kilometer entfernt.

In dem Maße, wie der Darßer Ort mit seinem weißen Sand ins ihn umgebende Wasser wandert, entsteht hinter dieser Uferzone aus Sand, Steinen und Mergel Neuland. Je nach Alter dieses Neulands, das insgesamt nicht viel älter als hundert Jahre ist, hat eine landschaftsbelassene, naturgewollte Umformung stattgefunden. Die fast vegetationslosen Weißdünen aus feinem Sand dicht am Küstensaum verwandeln sich weiter landeinwärts in Graudünen. Ihr kärglicher Bewuchs mit grau wirkendem Dünengras, Strandhafer, Moosen und Flechten gab ihnen den Namen. Weiter landeinwärts, immer noch im Neulandgebiet Darßer Ort, werden aus Graudünen Braundünen. Sie haben sich im Laufe der Jahre eine oberflächliche Erdkruste aus Humus zugelegt, die diese Dünen braun erscheinen lässt.

Auf den Braundünen ist schon ein deutlicher Pflanzenbewuchs erkennbar. Es sind kleine Kiefern und vor allem Heidekraut, die für eine Festigung der immer noch labilen Dünen sorgen. Um diesen Prozess der Umwandlung von kahlen Weißdünen zu bewachsenen Braundünen nicht zu gefährden, dürfen diese Gebiete nur auf dafür vorgesehenen Wegen betreten werden. Auch in die-

Leuchtturm „Darßer Ort“

Wandersteg am Darßer Ort

rechts: Sammelgut vom Darßer Weststrand

sem Sinne ist der Darßer Ort ein Wanderland. Auf angelegten Wegen und Stegen lässt sich dieses einmalige Gebiet erwandern und bestaunen. Beim Rundgang stößt man immer wieder auf Zeugnisse seiner Entstehung, seines Werdegangs, seiner Fortentwicklung. Dies ist wörtlich zu nehmen. Die Küste wandert immer weiter fort, hinaus in die See.

An der ehemaligen „Bernsteininsel“ ist das deutlich zu erkennen. Auf der Insel sammelten früher die Dorfbewohner von Prerow Bernstein, daher der Name. Nach Sturmfluten wurden Bernsteinstücke zeitweise reichlich am Küstensaum angespült. Auch heute noch kann man an der Westküste Bernstein finden. Für viele Wanderer wird dadurch das Wanderland Darß zu einem Wunderland.